AF219722

SEO Marketing für Einsteiger

Wie Sie mit zielorientierter Suchmaschinenoptimierung Schritt für Schritt Ihr organisches Google Ranking verbessern, um endlich von Ihren Kunden gefunden zu werden

Hennes Laub

Alle Ratschläge in diesem Buch wurden sorgfältig erwogen und geprüft. Eine Garantie kann dennoch nicht übernommen werden. Eine Haftung des Autors beziehungsweise des Verlags für jegliche Personen-, Sach- und Vermögensschäden ist daher ausgeschlossen.

Alle Rechte, insbesondere das Recht der Vervielfältigung und Verbreitung der Übersetzung, vorbehalten. Kein Teil des Werkes darf in irgendeiner Form (durch Fotokopie, Mikrofilm oder ein anderes Verfahren) ohne schriftliche Genehmigung des Verlages reproduziert oder unter Verwendung elektronischer Systeme gespeichert, verarbeitet, vervielfältigt oder verbreitet werden.

INHALT

Das erwartet Sie in diesem Buch über SEO-Wissen

Internetsuchmaschinen kennen Sie bestimmt durch Ihre Arbeit oder Ihr Privatleben. Jedes Konsumgut, jede Dienstleistung und jeder Film lassen sich über Suchmaschinen finden. Ohne Suchmaschinen würde das World Wide Web nicht auskommen. Wie jedoch sind Suchmaschinen programmiert und wie schaffen es Online-Shops, von Google & Co. indiziert zu werden? Diese Fragen und noch viele weitere

Fragen beleuchten wir in unserem großen Ratgeber, in welchem Sie praktische Beispiele lernen können, um Ihren Online-Shop, Ihre Website oder Ihre Texte für das Internet vorzubereiten, um eine hervorragende Platzierung in Suchmaschinen zu erreichen. Speziell Suchmaschinen sind in jeder Minute eines Kaufentscheidungsprozesses relevant. Aufgrund dieser Tatsache ist es umso wichtiger, von Google & Co. auch gefunden zu werden.

Der Markt schläft nicht und unterliegt einem stetigen Wandel. So passt sich auch die Konkurrenz den Algorithmen der Suchmaschinen an. Wer rastet, der rostet und wer nicht stetig Optimierungen durchführt und mit der Zeit der Suchmaschinen geht, schließt sich schnell von der eigenen Zielgruppe aus. Wie Sie dieses Unternehmensrisiko umgehen können, erfahren Sie in unserem hochwertigen Buch über die geheimnisvollen Weiten der „Search Engine Optimization". Um zu verstehen, wie Suchmaschinen funktionieren, müssen Sie zunächst verstehen, wie diese aufgebaut sind und welche Faktoren zu einem Top-Ranking führen. Ferner lernen Sie die SEO-Prozesse kennen und erfahren, welche Dynamik eine SEO-optimierte Website hat. Sie lernen Schritt für Schritt und Seite für Seite, wie Sie vom Einsteiger zum wahren Profi mutieren – und das ganz ohne teure Werbeagentur! Mit ein wenig Geduld und viel Autodidaktik wird aus Ihnen ein echter SEO-Profi!

Die Power von Suchmaschinen

Lernziel dieses Kapitels

In diesem Kapitel lernen Sie,

• wie User Suchmaschinen nutzen,

• welche Suchmaschinen das Internet bevölkern und wie sich diese den Markt teilen,

• wie die Entwicklung von Suchmaschinen voranging.

DIE NUTZUNG VON SUCHMASCHINEN

Wenn wir eine renommierte Marktstudie der Arbeitsgemeinschaft Onlineforschung aus dem Jahr 2015[1] analysieren, kristallisiert sich heraus, dass für mehr als 90 Prozent der Internetuser die Nutzung von Suchmaschinen die wichtigste Internetanwendung überhaupt ist. Diese kommt noch vor dem Abrufen von E-Mails.

Ein klares Ergebnis. Suchmaschinen werden somit in jeder Instanz eines Kaufentscheids genutzt. Sie als Internetnutzer kennen diesen Trend wahrscheinlich auch: Sie möchten sich einen neuen Induktionsherd kaufen und informieren sich über eine Suchmaschine zu den Angeboten. Als zweiten Schritt nutzen Sie die Suchmaschine Ihres Vertrauens, um relevante Käuferrezensionen oder Kaufratgeber zum gewünschten Induktionsherd zu studieren, und als letzte Instanz wählen Sie den favorisierten Online-Shop, der Ihren

---

[1] CPC Digital Marketing Seminare & Trainings – Neue Studie zur Nutzung von Suchmaschinen (https://www.cpc-consulting.net/Nutzung-Suchmaschinen)

Induktionsherd verkauft. Demnach gehen Sie davon aus, dass Anbieter von Induktionsherden – oder anderen Konsumgütern – von Suchmaschinen ganz oben indiziert, also gelistet, werden. Mehr als ein Drittel aller Internetnutzer geht davon aus, dass ein führender und bekannter Hersteller die eigenen Bedürfnisse des gewünschten Produkts decken kann und Hersteller, die nicht oder ganz weit unten gerankt werden, das Produkt oder die Dienstleistung nicht anbieten.

Diese Erkenntnisse machen deutlich, wie wichtig es ist, in Suchmaschinen gefunden zu werden und auch ein entsprechendes Ranking zu haben.

DER MARKTANTEIL DER VER-SCHIEDENEN SUCHMASCHINEN

Google ist mit Abstand der weltweite Führer in Sachen Suchmaschinen. Der Marktanteil liegt bei geschätzten 90 Prozent und bildet somit, neben seinen Konkurrenzsuchmaschinen „Bing" und „Yahoo", eine Art Monopol. Hand aufs Herz: Welche Suchmaschine nutzen Sie am häufigsten?

Wichtig zu wissen: In der westlichen Welt wie Deutschland und anderen europäischen Ländern sowie in Südamerika und Afrika wird am häufigsten die Google-Suchmaschine genutzt. In diktatorischen Ländern wie Russland, Südkorea oder China werden vorwiegend lokal ansässige Suchmaschinen genutzt. Google hat nur in wenigen Ländern einen untergeordneten Status. Nichtsdestotrotz muss sich Google als Suchmaschine mit lokaler Konkurrenz messen: In Amerika und Japan werden demnach „Bing" und „Yahoo" viel genutzt und in Russland behauptet sich vor allem die Suchmaschine „Yandex". Google wurde in vielen russischsprachigen Ländern in Zentralasien durch „Yandex" von seiner Vorreiterposition verdrängt und erreicht gerade einmal einen Marktanteil von knapp über 65 Prozent.

In China haben wir noch einmal eine andere Situation:
Aufgrund der strengen Zensur durch das Regime werden Google-Dienste großflächig blockiert und Sie gelangen bestenfalls über eine sichere VPN-Verbindung, die Sie auf einen sicheren Server

lenkt, an die Google-Dienste. Der Marktführer in Sachen Suchmaschinen in China ist „Baidu".

DIE STERNSTUNDEN DER SUCHMASCHINEN

Seitdem das Internet, also das World Wide Web, bekannt wurde, bestand der Wunsch, Websites mit Informationsgehalt den Internetnutzern auf der ganzen Welt und in allen Sprachen zur Verfügung zu stellen. Ein erster Ansatz war die handverlesene Datenpflege von Listen mit Webservern. Diese waren mit dem Internet verbunden. Der Urvater des Internets heißt im Übrigen Tim Berners-Lee. Er pflegte in den ersten Jahren von Hand eine dementsprechende Liste und veröffentlichte diese auf dem Webserver des Forschungsinstituts CERN[2], in welchem er arbeitete.

Diverse Webkataloge ordneten die gelisteten Websites in Kategorien und Unterkategorien ein. Auf diese Weise entstand ein hierarchisches Verzeichnis, in welchem man blättern oder einen

---

[2] Unter CERN versteht man eine Europäische Organisation für Kernforschung, die im Schweizer Kanton Genf ansässig ist.

Suchbegriff eingeben konnte. Diesen Ansatz verfolgte unter anderem das „Yahoo-Verzeichnis", mittlerweile wurde dieser Yahoo-Dienst aber eingestellt.

Durch den stetigen Wandel und das exponentielle Wachstum des World Wide Webs wurde es offensichtlich, dass handverlesene Listen nicht optimal waren, um alle Websites zu erfassen und die Einträge stets auf dem neuesten Stand zu halten. Deshalb musste eine Software entwickelt werden, die das Internet nach neuen Websites untersucht und diese autark indiziert, also listet.

1993 wurde die erste Suchmaschine unter dem Namen „JumpStation" entwickelt. In der Suchmaschine war ein Webrobot implementiert. Dabei handelt es sich um eine Software, die Websites im Internet automatisch finden und indizieren kann. Das Programm „JumpStation" extrahierte jedoch nur den Titel und die Überschrift der jeweils gefundenen Website und speicherte diese Informationen in ihrem Index ab. Im Jahr 1994 erfanden IT-Forscher die Suchmaschine „WebCrawler", die den gesamten Content einer Website herunterladen konnte. Diese Informationen wurden zum Aufbau ihres Suchindex verwendet. Somit konnten Internetuser nach beliebigen Begriffen oder Kombinationen suchen und erhielten als Resultat eine Liste von indizierten Websites, auf denen der Suchbegriff im Content vorkam. Das Prinzip der „Volltextindexierung" ist bis zum heutigen Tage Standardeinstellung bei allen gängigen Suchmaschinen.

Bereits zu diesen Zeiten war IT-Profis klar, dass Suchmaschinen für das Internet der Zukunft eine tragende Rolle spielen würden. Aus diesem Grunde war es zu der Zeit, als das Internet und die Suchmaschinen noch in den Kinderschuhen steckten, von großem Interesse, eigene Suchmaschinen zu konzipieren. Mitte der 90er Jahre kamen einige Suchmaschinen auf den Markt, die wir Ihnen hier auflisten:

- Lycos
- Altavista
- Excite
- Infoseek
- Northern Light
- Inktomi

Inktomi wurde zu einem späteren Zeitpunkt vom Giganten Yahoo aufgekauft.

Google – und damit kam der Durchbruch

Gegen Mitte der 90-er Jahre begann das gloriose Zeitalter von Google. Zwei Doktoranden der amerikanischen Stanford University, dabei sprechen wir von den Akademikern Sergey Brin und Larry Page, machten sich im Rahmen eines Forschungsprojekts Gedanken, wie sie eine bestens optimierte Suchmaschine für das Web konzipieren könnten. Die damals vorherrschenden Suchmaschinen befanden sich nämlich qualitativ auf dem absteigenden Ast. Diese Tatsache war vor allem dem geschuldet, dass es Webseitenbetreiber vermehrt gelang, durch die Applikation verschiedener Vorgänge ihre Seiten in den Suchergebnissen auf die obersten Plätze zu bringen. Der User an sich bekam demnach Suchergebnisse vorgeschlagen, die nichts mit der eigentlichen Suchintention zu tun hatten.

Die beiden Gründer von Google vertraten die These, für dieses zunehmende Problem eine Lösung gefunden zu haben. So kamen sie zum Resümee, dass eine Suchmaschine, die bei der Berechnung der Relevanz die „Verlinkung" der Websites im Netz berücksichtigt, bessere Suchergebnisse liefern kann, als es die bekannten Suchmaschinen tun, die diese Verlinkungen nicht applizierten.

Dieser Algorithmus, den die Wissenschaftler „PageRank-Verfahren" nannten, analysiert die komplette Struktur aller Verlinkungen des gesamten Internets und ermittelt für jede Website einen Wert, den „PageRank". Dieser Wert ist bis zum heutigen Tage ein wichtiger Faktor fürs Ranking. Anhand dieses innovativen Algorithmus ist es Google gelungen, eindeutig bessere Suchergebnisse zu generieren als seine retrograd programmierte Konkurrenz. Dies ist ein erheblicher Grund für den weltweiten Erfolg des Unternehmens Google.

Im September des Jahres 1998 gründeten die zwei Erfinder von Google das Unternehmen „Google Inc.". Bereits im dritten Jahr seiner Entstehung schrieb Google schwarze Zahlen.

Google besteht mittlerweile aus einem Cluster, welcher aus mehreren hunderttausend Servern besteht, die in Rechenzentren in allen Erdteilen der Welt verteilt sind. Ein interessanter Faktor ist auch, dass Google dabei auf günstige PC-Hardware und das Betriebssystem Linux setzt. Der Grund dafür ist lapidar: Diese Infrastruktur garantiert eine größtmögliche Absicherung gegen Ausfälle. Der Ausfall einzelner Server stellt hierbei keine großen Risiken dar. Dadurch sind sehr kurze Reaktionszeiten gegeben, da die Anfragen stets an ein Rechenzentrum geleitet werden, welches sich in unmittelbarer Nähe befindet.

Schätzungen zufolge soll Google rund eine Million Server betreiben, um die Funktionstüchtigkeit seiner verschiedenen Webdienste zu gewährleisten. Google ist inzwischen dazu übergegangen, diverse Internetfirmen aufzukaufen und die eigenen Dienste weiterzuentwickeln. So bietet Google neben der Suchmaschinenfunktion auch „Gmail", „Google Docs", „YouTube", „Blogger" und „Google+" an.

Das Kerngeschäft von Google ist und bleibt jedoch der Profit mit den Suchmaschinen. Über „AdWords" können Sie sich beispielsweise Werbekampagnen erwerben. Somit erklärt sich auch, dass der Internetriese über 90 Prozent seines Umsatzes mit AdWords-Kampagnen finanziert.

Yahoo und seine Entstehungsgeschichte

Die Geburtsstunde des Unternehmens Yahoo findet sich im Jahr 1994. Damals riefen die beiden Studenten Jerry Yang und David Filo eine Website ins Leben, die sich „David and Jerry's Guide to the World Wide Web" nannte. Sie ging im selben Jahr online. Diese Website war ein hierarchisch aufgebautes Verzeichnis von Websites, die die beiden Studenten handverlesen pflegten und weiter ausbauten. Bereits nach wenigen Monaten benannten sie ihr Verzeichnis in „Yahoo!" um. Das Unternehmen expandierte zu einem Portal, welches sich über Werbeeinnahmen finanzierte. Somit konnte der Webkatalog kontinuierlich weiter ausgebaut werden. Yahoo war praktisch der Gegenspieler zu KI-basierten Suchmaschinen. Das bedeutet, dass Yahoo nach Prüfung des jeweiligen Nutzerwertes Websites in sein Verzeichnis aufnahm, während andere Suchmaschinen künstliche Intelligenz und Algorithmen als Maßstab zur Auffindbarkeit von Sites im Netz zu Rate zogen.

Mit der Zeit jedoch musste auch Yahoo erkennen, dass ein redaktionell gepflegtes Verzeichnis mit dem stark wachsenden Netz nicht Schritt halten konnte. Im Jahr 2000 bot auch Yahoo eine

Suchmaschine als Lizenznehmer von Google an. Dies gelang vor allem durch den Kauf der Suchmaschine Inktomi. Im Jahr 2004 wurde der Vertrag zwischen Google und Yahoo jedoch gekündigt und so wurden die beiden Konzerne Konkurrenten. Im Jahr 2008 scheiterten alle Versuche von Seiten des Konzerns Microsoft, Yahoo zu übernehmen. In der Folge einigten sich die beiden Giganten im Jahr 2009 auf eine Kooperation. Seit 2013 wurde die Yahoo-Suchmaschine zur Gänze durch Microsoft Bing ersetzt. Wenn Sie also über Yahoo eine Suchanfrage tätigen, wird Ihnen diese von Bing beantwortet.

Bing
Bing ist die hauseigene Suchmaschine von Microsoft. Die erste Microsoft-Suchmaschine ist Ihnen vielleicht noch unter dem Namen „MSN Search" ein Begriff. Sie erschien 1998, im Gründungsjahr von Google. MSN Search verfügte über einen eigenen Suchindex und ein eigenes Webcrawler-System. Dennoch bediente es sich auch an Suchergebnissen von Inktomi, Looksmart oder Altavista. In den darauffolgenden Wirtschaftsjahren

entwickelte Microsoft eine eigene Suchtechnologie. Diese wurde im Jahr 2006 unter der Bezeichnung „Windows Life Search" publiziert. Im Jahr 2007 wurde der Begriff in „Live Search" umbenannt und war unter der Domain „live.com" im Netz verfügbar. Im Juni 2009 erfolgte die Umfirmierung in die neue Marke „Bing".

Alternative Suchmaschinen
Google ist, bis auf einige diktatorische Länder, der absolute Marktführer in Sachen Suchmaschinen. Zwar versuchen immer mehr Unternehmen, Google mit innovativen Technologien zu toppen und das Monopol zu brechen, doch bisweilen gelang es keinem Unternehmen, Google die Vorreiterstellung abzuerkennen. Zu diesen gescheiterten Versuchen gehören mitunter:

- Cuil
- Viewzi
- Wikia Search
- SearchMe
- Blekko
- Wolfram Alpha
- Excite

- Altavista
- Exalead

Nachdem das Überwachungsprogramm „PRISM" bekannt wurde und es zahlreiche Kritik gegen Google als „Datenkrake" hagelte, konnten einige neue Suchmaschinen wieder an Marktanteil gewinnen, die als Unternehmensphilosophie damit werben, keine personenbezogenen Daten zu sammeln und den User nicht zu tracken. Dazu zählen mitunter diese Suchmaschinen:

- DuckDuckGo (der Darknet-Suchmaschinendienst)
- Qwant
- Ixquick
- Startpage

ÜBUNGSTEIL: TESTEN SIE IHRE ERLERNTEN KENNTNISSE!

1) Warum ist es für den Erfolg einer Website wichtig, in Suchmaschinen gefunden zu werden?

2) In welchen Ländern der Erde ist Google NICHT Marktführer?

3) Nennen Sie einen aussagekräftigen Grund für den großen Erfolg von Google!

4) Woher bezieht Yahoo heute ihre Suchergebnisse?

5) Benennen Sie vier Suchmaschinen, die keine persönlichen Daten der User sammeln!

Wie sind Suchmaschinen aufgebaut und wie funktionieren sie?

Lernziel dieses Kapitels
• Wie groß ist das World Wide Web?
• Wie viele Menschen nutzen das WWW?
• Wie sind Suchmaschinen aufgebaut?
• Wie funktionieren Suchmaschinen?

WIE GROß IST DAS WORLD WIDE WEB?

Wie Sie bereits erfahren haben, entstand das Internet (WWW) im Jahre 1990. Der Erfinder heißt Tim Berner-Lee. Seit seiner Entstehung hat sich das Netz in vielen Ländern zu einem Massenmedium etabliert. Zum heutigen Tage nutzen mehr als 3,8 Milliarden Menschen das Netz. Das entspricht mehr als 50 Prozent der Weltbevölkerung, während das Internet aus mehr als einer Milliarde Hosts besteht. Die Frage der Fragen ist, aus wie vielen einzelnen unterschiedlichen und indexierbaren Sites das Netz eigentlich besteht. Ein einziger Webseitenbetreiber steht in direkter Konkurrenz zu all diesen Seiten in Sachen Auffindbarkeit im Netz. Die Faustregel besagt: Je mehr Websites es zu einem bestimmten Thema oder Keyword im Netz gibt, desto erschwerter wird es, gut gefunden zu werden.

Es ist unmöglich, diese einzelnen Seiten direkt zu zählen, aber Google ist in der Lage, alle im Netz erreichbaren Seiten zu indexieren. Faktum ist, dass wahrscheinlich niemand, außer eventuell

Google, die Größe des World Wide Webs genau kennt. Die wissenschaftlichen Forschungsergebnisse des Niederländers Maurice de Kunder haben im Rahmen seiner Master-Abschlussarbeit ergeben, dass der Google Index (bzw. das World Wide Web) zum aktuellen Zeitpunkt zirka 50 Milliarden Websites umfasst.

WIE SIND SUCHMASCHINEN AUFGEBAUT?

Wie Sie gerade erfahren haben, besteht das Internet aus zirka 50 Milliarden Websites. Wenn Sie eine Information zu einem bestimmten Thema suchen möchten, müssten Sie im Grunde genommen alle 50 Milliarden Websites durchforsten. Wenn Sie eine Website pro Sekunde analysieren würden, würden Sie dennoch über 1600 Jahre damit verbringen. Dasselbe Problem haben auch Suchmaschinen, denn sie müssen alle Websites im Netz auf den Suchbegriff hin analysieren, um Ihnen eine Auswahl an relevanten Seiten für Ihre Suche zu präsentieren. Da stoßen auch Suchmaschinen hart an ihre Grenzen.

Da die Analyse von 50 Milliarden Websites zu einem Totalabsturz der Server führen würde, bedienen sich Suchmaschinen anderer Ansätze. Das Grundprinzip besteht darin, die Suchergebnisse zu downloaden, zu analysieren und einen durchsuchbaren Index zu erstellen.

Suchmaschinen wie Google basieren auf vier Systemkomponenten:

- Webcrawler-System
- Index
- Scheduler
- Suchinterface

Das Webcrawler-System einfach erklärt

Das Webcrawler-System können Sie sich als Suchmaschinen-Robot vorstellen, welches aus Computerprogrammen besteht, die das Netz autark durchsuchen und Websites herunterladen sowie analysieren. Es ähnelt von der Software Webbrowsern wie Google Chrome oder Firefox. Der Crawler startet auf einer x-beliebigen Website mit dem Download zur weiteren Analyse und verschiebt diese in den „Store Server", um eine Liste zu erstellen, die vorhandene Hyperlinks zu anderen Websites enthält. Diese Liste wird an den „Scheduler" übertragen. Im Zuge dessen werden auch die http-Statuscodes analysiert, die die Webserver beim Übertragen der Dokumente an die Webcrawler automatisch übertragen. Im Falle, dass eine URL nicht mehr gültig ist, da die Datei vom Server gelöscht wurde, erhält man vom Server den http-Statuscode „404 File not found". Dementsprechend muss die URL aus dem Dokumentenindex entfernt werden.

Der Index einfach erklärt
Die Dokumente, die diverse Crawler downloaden, werden einer akribischen Analyse unterzogen und dabei in ihre Komponenten, wie Texte, Bilder, Videos und HTML-Codes, zerlegt. Ziel der Analyse ist es, die Relevanz der Dokumente zu ermitteln, die für bestimmte Suchbegriffe von Bedeutung sind. Mittlerweile verwendet Google beispielsweise mehr als 200 diversifizierte Kriterien.

Anhand des aufgebauten Index kann dieser bei später gestarteten Suchanfragen über das Suchinterface angewendet werden. Um diesen Prozess zu vereinfachen, wird ein sogenannter

„invertierter Index" angelegt. Dabei werden den „Keywords", also Suchbegriffen, die jeweiligen URLs der Dokumente zugeordnet. In der Folge berechnet die Suchmaschine für das jeweilige Keyword die Relevanz der einzelnen Dokumente.

Ein Kriterium beispielsweise besagt, dass ein Keyword oder eine Keyword-Kombination in einem Dokument vorkommen muss, um überhaupt gerankt zu werden. Dabei kommt es noch darauf an, ob das Keyword im Titel vorkommt und wie häufig es im Text vorkommt. Jede Zuordnung hat eine bestimmte berechnete Relevanz, die darüber entscheidet, wie hoch oder niedrig die URL in der Suchmaschine gelistet wird.

Wenn Sie nun den Suchbegriff „Katzenminze" in die Suchmaschine eingeben, untersucht Ihr Suchmaschinendienst zunächst den zuvor aufgebauten Index und nicht die Dokumente oder die Originaldateien auf den Servern, die im Netz online sind. Der Suchmaschinenindex kann als Abbild des Netzes gesehen werden. Er enthält Kopien der Dokumente, die sich im WWW befinden. Die Schnelligkeit, die der Index bietet, ist ein großer Vorteil. So dauert ein Suchvorgang bei Google ca. eine halbe Sekunde.

Die Nachteile des indexbasierten Prinzips müssen jedoch auch genannt werden. So erfordert es einen enormen technischen Wartungsaufwand, um einen Index aufzubauen und zu aktualisieren. Da tagtäglich Websites gelöscht oder online gestellt werden, ist dies ein wirklich großes technisches Problem.

Der Scheduler einfach erklärt

Der Scheduler sammelt und verwaltet alle Webadressen (URLs). Er steuert zudem die automatisierte Übermittlung von Crawlern zu diesen Adressen. Der Scheduler erhält von den Crawlern stets neue URLs als Meldung, die diese in den besuchten Websites finden. Auf diese Weise kann der Scheduler diese URLs mit den bereits gelisteten Websites abgleichen. Da beinahe alle Websites direkt oder indirekt untereinander verlinkt sind, haben die Crawler die Möglichkeit, das gesamte Netz auf diese Websites zu überprüfen und die gefundenen Seiten zu downloaden. Das bereits Beschriebene bezeichnet man als „Clear Web". Dem gegenüber steht das „Deep Web". Das Deep Web enthält Websites, die keinen einzigen Link auf andere Websites besitzen. Sie stehen vollkommen isoliert im Web. Diverse Sites sind erst erreichbar, wenn Sie sich über ein Formular registrieren würden. Das macht ein Crawler nicht. Diese Seiten, die Suchmaschinen nicht finden, gehören dem „Deep Web" an. Beispiele können Benutzerzugänge zu Unternehmen sein oder Websites, die es nur im „Dark Web" gibt. Experten gehen davon aus, dass das Deep Web um einiges größer ist als das Clear Web.

Das Suchinterface einfach erklärt

Das Suchinterface ist die Suchleiste, in welche Sie Ihren Suchbegriff „Katzenminze" eingeben können. Die Startseite ist hierbei sehr einfach aufgebaut, ganz ohne viel Ablenkungen. Daher enthält ein gutes Suchinterface keine tagesaktuellen Nachrichten und keine Werbung. Sie finden die Suchleiste und nichts weiter. Zudem muss die Suchleiste schnell laden. Wenn Sie pro Tag mehrere Male Ihre Suchmaschine verwenden, möchten Sie bestimmt nicht warten, bis das Suchinterface in Ihrem Webbrowser geladen ist. Bei Google dauert die Suche nach „Katzenminze" eine halbe

Sekunde. Die Anzeige aller relevanten Websites muss ebenso schnell gehen.

Die Profisuche
Neben der einfachen Suchfunktion bieten Ihnen professionelle Suchmaschinen auch eine „erweiterte Suche" an. So können Sie beispielsweise nach Bildern suchen oder eine Fotografie uploaden und abgleichen, von welcher Website das Bild stammt.

ÜBUNGSTEIL: TESTEN SIE IHRE ERLERNTEN KENNTNISSE!

1) Wie können Sie die Größe des WWW annähernd ermitteln?

2) Aus welchen vier Systemkomponenten bestehen indexbasierte Suchmaschinen?

3) Welche Aufgabe hat der Webcrawler?

4) Erklären Sie den Begriff „Deep Web".

Die Bedeutung der Google-Suchergebnisseite

Lernziel dieses Kapitels
• Wie ist die Suchergebnisseite von Google konstruiert?
• Wie funktioniert die „Universal Search" von Google?
• Aus welchen Elementen bestehen die einzelnen Suchtreffer bei Google?

Wenn Sie bei Google nach einem Begriff (Keyword) suchen, erscheint eine Liste aller Websites, die diese Suchintention erfüllen. Google liefert Ihnen demnach, nach Relevanz sortiert, Treffer, die er für Ihre Suchanfrage für relevant hält.

Dabei lautet der Fachbegriff für die Suchergebnisseite „Search Engine Results Page" oder auch nur „SERP". Dabei listet Ihnen Google alle Ergebnisse als „Paging". Das bedeutet, die komplette Suchergebnisliste unterteilt sich in Bildschirmseiten.

SEO hat die Aufgabe, hervorragende Rankings auf dieser Suchergebnisseite zu generieren, aber auch, dass Google die Suchintention so gestaltet, dass eine gute Klickrate erzielt werden kann (Click-Through-Rate oder CTR).

DIE GOOGLE SPEZIALSUCHMA-SCHINEN UND DEREN INHALT

Google stellt Ihnen eine Reihe von Spezialsuchmaschinen zur Verfügung, die ermöglichen, dass Sie nach Bildern oder Dokumenten suchen können. In

Fachkreisen heißen diese Spezialsuchmaschinen „vertical search".

Dabei sind die wichtigsten Spezialsuchmaschinen die Folgenden:

- News-Suche
- Bilder-Suche
- Shopping
- Videos
- Maps
- Bücher-Suche
- Flüge-Suche
- Finanzen
- Destinations
- Google Scholar

UNIVERSAL SEARCH UND IHRE BESONDERHEITEN

Die Spezialsuchmaschinen finden ihre Anwendung jedoch auch bei der konventionellen Google-Suche. Der Konzern Google hat bereits im Jahr 2007 damit begonnen, die Spezialsuchmaschinen bei jeder Abfrage von Suchenden einzuschalten, auch dann, wenn der Suchende die Spezialsuchmaschinen nicht explizit angeklickt hat. Das heißt so viel, dass die Suche nach „Roland Barthes – die helle Kammer" (Buch) sämtliche Publikationen und Bücherverlage liefert, die zu diesem Treffer passen. Dieses Konzept bezeichnet man als „Universal Search".

Übungsbeispiel

Geben Sie ein für Sie relevantes Element zu Ihrer Firma oder Ihrem Markennamen ein und suchen Sie das Keyword über die normale Google-Suche. Im Anschluss suchen Sie über die Spezialsuchmaschinen „News", „Bilder", „Videos", „Maps", „Bücher", „Scholar" und „Shopping". Vergleichen Sie, welche Inhalte Google mit Ihrer Firma findet und welche davon sich mit der Standard-Suche ergeben. Notieren Sie Ihre Erkenntnisse.

DER AUFBAU DER EINZELNEN SUCHERGEBNISSE BEI GOOGLE

Wenn Sie eine Suchanfrage in Google eingeben, bedient sich die Suchmaschine unterschiedlichster Quellen, um Ihnen das gewünschte Suchresultat liefern zu können. Bei Google heißt die Darstellung der einzelnen Suchtreffer „Snippet". Das Wort kommt aus dem Englischen und übersetzt bedeutet es „Schnipsel".

Informationsbeschaffung von Google für Ihre Suchergebnisse

• HTML-Quelltext der indexierten Site

• Informationen aus der kompletten Website der Trefferseite

• Unternehmensverzeichnis von Google My Business

• Google Maps

• Bilder- und Videosuche

• Bewertungsportale

• Foren

Aufbau des Google Snippets

1) Der Titel des Treffers

Dabei handelt es sich um den Seitentitel der entsprechenden Website. Er besteht aus dem HTML-Tag der Website.

2) URL des Suchtreffers
Die Suchbegriffe erscheinen fettgedruckt.

3) Beschreibungstext (Meta Description)
Der Beschreibungstext enthält den HTML-Tag „Description" der Website.

WELCHE BEDEUTUNG HABEN ALL DIESE FAKTOREN FÜR SEO?

Fakt ist, dass Google kontinuierlich neue Spezialsuchmaschinen zur Verfügung stellt, die auf Dateiformate oder Fragen des Suchenden gezielte Suchergebnisse liefern. Diese werden bereits bei einer Standardabfrage zeitgleich abgefragt. In der Folge kann Google treffende Suchergebnisse für die Ergebnisseite der Universal Search liefern. Die Suchergebnisseite ist dabei sehr komplex konzipiert und enthält, je nach Suchanfrage, unterschiedliche Elemente. Für die Visibilität in Google zählen vor allem Inhalte wie Videos, Bücher, Bilder, Newsletter, Blog-Beiträge, Pressemitteilungen, Glossare und vieles mehr, da dieser Content von Spezialsuchmaschinen analysiert, bewertet und gerankt wird. Für Sie ist es also sehr wichtig, die Power dieser Elemente zu kennen und für Ihre Sichtbarkeit zu optimieren.

ÜBUNGSTEIL: TESTEN SIE IHRE ERLERNTEN KENNTNISSE!

1) Erklären Sie die Google-Spezialsuchmaschinen und benennen Sie diese.

2) Erklären Sie in eigenen Worten, wie „Google Universal Search" genau arbeitet.

3) Erklären Sie, wie ein einzelner Suchtreffer auf der Suchergebnisseite der Suchmaschine aufgebaut ist.

Die Macht des Rankings

Lernziel dieses Kapitels

- Wie funktioniert die Google-Suchmaschine?
- Wie funktioniert das PageRank-Verfahren?
- Wie funktionieren die Google-Ranking-Algorithmen, um in Google gefunden zu werden?

In den vorherigen Kapiteln haben Sie erfahren, wie Suchmaschinen aufgebaut sind. In der Folge wissen Sie jetzt auch, wie diese funktionieren. Eventuell wollen Sie als nächsten Schritt erfahren, welche Parameter Google heranzieht, um die Relevanz von Websites zu ermitteln, die für eine Suchanfrage zum Tragen kommen. Im Konkreten geht es um das „Ranking" der Suchergebnisse.

- Warum wird eine spezifische Website auf Platz 1 gerankt?
- Wie erklärt sich die Reihenfolge der Suchergebnisse?

Wenn Sie diese zwei Fragen in Erfahrung bringen, müssen Sie nur noch wissen, wie Sie Ihre eigene Website optimieren müssen, um ein besseres Ranking zu erzielen.

Laut Aussagen des Konzerns Google werden für die Berechnung der Relevanz von Websites zum aktuellen Zeitpunkt mehr als 200 Rankingfaktoren, die sogenannten „Signale", berücksichtigt. Welche 200 Signale das sind, verschweigt Google, da es sich um interne Betriebsgeheimnisse handelt. Dennoch sind viele dieser Signale bereits bekannt und auch ist bekannt, wie die Suchmaschine diese bewertet.

DIE RELEVANZBERECHNUNG, DIE VOR EINFÜHRUNG VON GOOGLE AKTUELL WAR

Um zu verstehen, wie Top-Rankings zustande kommen, sollten Sie ein Gespür dafür entwickeln, wie Algorithmen funktionieren. Wie jedoch funktionierten Suchmaschinen, bevor es Google überhaupt gab? Wie funktionierte der damalige Suchmaschinengigant „Altavista"?

Ein Fakt ist, dass Sie möglichst viele Websites finden möchten, die die relevante Information enthalten, nach der Sie suchen, wenn Sie auf der Homepage einer Suchmaschine nach einem Begriff suchen, richtig?

Ein guter Ansatz hierbei ist, im Suchindex nach Websites zu forschen, die den Suchbegriff enthalten. Die Seiten, die dafür infrage kommen, müssen jetzt lediglich nach ihrer Relevanz gelistet werden. Hierbei bedarf es Relevanzkriterien, die den Relevanzwert für jede einzelne Website berechnen.

Suchmaschinen, die in den Anfangsstadien von Relevanz waren, untersuchten alle

Webdokumente selbst und machten die Relevanzberechnung. Dabei kamen folgende Kriterien zum
Zuge:

• Die Häufigkeit der Suchbegriffe (Keywords).
Das bedeutet, je häufiger ein Suchbegriff
(Keyword-Dichte) in einem Dokument aufschien,
desto relevanter war ein Dokument.

• Hervorhebungen (Fettmarkierungen oder
„bold") oder auch Überschriftenstrukturen in H1,
H2 und H3. Ein höherer Relevanzwert ergab sich
auch, wenn das Haupt-Keyword im Titel sowie im
Fließtext vorkam und hervorgehoben wurde.

• Wenn die Positionierung des Keywords oben im
Fließtext vorkam, war es relevant für das Ranking.

• Das Keyword sollte immer auch in der URL vorkommen, um dem Ranking Gewicht zuzuschrei-
ben.

Da viele Anwender diese Algorithmen erkannten
und für sich nutzten, waren die Suchergebnisse
leicht zu manipulieren. Durch künstliches
Keyword-Spamming erreichten viele User, dass
sie ein Top-Ranking erreichten, und dabei wurde
eifrig getrickst. Diese Tricksereien und

Manipulationen führten dazu, dass Seiten gerankt wurden, die nicht für die Suchergebnisse relevant waren. Dadurch verschlechterte sich die Qualität der Suchergebnisse. Ende der 90-er Jahre trat Google auf den Markt.

DIE REVOLUTION DES GOOGLE PAGERANK-VERFAHRENS

Die Gründer von Google stellten die Hypothese auf, dass eine Suchmaschine, die Verlinkungen der jeweiligen Website im Internet bei der Relevanzberechnung berücksichtigt, optimalere Ergebnisse liefert als die bekannten Suchmaschinen.

Diese Hypothese wurde durch das Einführen von eingehenden Links, die Sie bestimmt unter der Bezeichnung „Backlinks" kennen, als Qualitätskriterium bei der Berechnung der Relevanz berücksichtigt. Dieser Theorie zufolge müssten Websites mit vielen, von menschlicher Hand geschaffenen Backlinks besonders viele Informationen und Mehrwert für den Suchenden bieten und wurden demnach besser bei Google positioniert. Die Google-Gründer wiesen dafür den Begriff „Link

Popularity" zu, der Auskunft über die Beliebtheit einer Website gibt.

DIESE KRITERIEN SIND WICHTIG, UM IN GOOGLE GEFUNDEN ZU WERDEN

- Qualitative Backlinks
- Content
- RankBrain

Content
Generieren Sie hochwertigen Text- und Bildcontent, der unique, frei von „Duplikate Content", also Wiederholungen von Informationen, ist und zur Suchintention passt.

Backlinks
Backlinks, die zu Seiten führen, die ebenso ein hohes PageRank sowie hohe Trust-Werte aufweisen und noch einige weitere Punkte erfüllen, eignen sich perfekt, um die eigene Sichtbarkeit zu steigern.

RankBrain

Anhand des RankBrains erzielen Sie einen hohen Nutzwert für Ihre Zielgruppe.

ÜBUNGSTEIL: TESTEN SIE IHRE ERLERNTEN KENNTNISSE!

1) Benennen Sie einige Kriterien zur Relevanzberechnung von Websites vor der Einführung von Google.

2) Erklären Sie den Begriff „Link Popularity" und die Wichtigkeit von Backlinks.

3) Erklären Sie die drei wichtigsten Kriterien, um in Google heute gefunden zu werden!

Was sind die wichtigsten Google-Ranking-Signale?

Lernziel dieses Kapitels
• Wie können Sie sich über die Google-Rankingfaktoren informieren?
• Welche Rankingfaktoren sind wirklich von Bedeutung?

In dieser Lektion gehen wir auf die wichtigsten Ranking-Signale von Google näher ein, die für ein gutes Ranking Ihrer Website fundamental sind. Da sich die Google-Algorithmen stetig verändern, ist für ein gutes SEO wichtig, immer auf dem neuesten Stand zu sein.

WOHER STAMMEN DIE INFORMATIONEN ÜBER DIE RANKINGFAKTOREN EIGENTLICH?

Es gibt zur Informationsbeschaffung zwei wesentliche Quellen:

• Google an sich
• Erkenntnisse von SEO-Experten

Informationen von Google

Google legt seine Betriebsgeheimnisse nicht offen dar, über diverse Kanäle gibt Google jedoch Informationen diesbezüglich bekannt. Diverse Patente und Patentschriften, die Google unterhält, sind der Öffentlichkeit frei zur Verfügung gestellt. In diesen Essays kann man beispielsweise nachstudieren, wie der Google PageRank funktioniert.

Zudem existieren diverse SEO-Communitys zum Austausch von Informationen, die die wichtigsten Fragen zu Ranking und SEO analysieren und beantworten.

Erkenntnisse von SEO-Experten
Spezialisierte SEO-Unternehmen sowie SEO-Experten führen zielorientierte Erhebungen durch, um herauszufinden, welche Kriterien für das Ranking von Google appliziert werden und was sich eher negativ auf das Ranking der jeweiligen Website auswirkt. Dafür untersuchen Sie die bestplatzierten Suchergebnisse für eine Anzahl relevanter Keywords und analysieren, ob die gut rankenden Websites bestimmte Rankingkriterien erfüllen.

Die SEO-Prozesse und deren Zielsetzungen

DIE BEDEUTUNG VON QUALITATIVEM CONTENT

Google konnte in den vergangenen Jahren erhebliche Fortschritte machen, was die Suchanfragen und die Texte auf Webseiten anbelangt. Bis vor einigen Jahren wurden Texte nur als eine Aneinanderreihung von Zeichen erkannt. Mittlerweile versteht Google, worum es im Inhalt auf einer Website geht. Im Jahre 2014 erfolgte das Hummingbird-Update und ermöglichte Google, die inhaltliche Ausrichtung einer Website zu erforschen und die inhaltliche Qualität sowie die Lesbarkeit zu bewerten.

Wenn Sie Ihre Website erstellen, sollten Sie auf folgende Kriterien achten:

Originalität des Contents (Unique Content)
Sie dürfen keine Texte von anderen Websites kopieren: weder vollständig noch zum Teil. Demnach muss Ihr Inhalt so konzipiert sein, dass es ihn auf bestehenden Websites nicht gibt. Um Content zu produzieren, raten wir, dass Sie sich vertrauensvolle Quellen im Internet suchen und daraus etwas Eigenes kreieren und die Texte entsprechend umformulieren und in eigenen Worten wiedergeben. Achten Sie dabei stets darauf, die Suchintention der Zielgruppe zu erfüllen und einen Mehrwert hineinzubringen. Checken Sie Ihre Texte im Anschluss mit einem Plagiatsprüfer, den Sie kostenfrei im Netz downloaden oder direkt online benutzen können.

Der Nutzwert des Contents

Google ist bestrebt, den Nutzwert Ihres Contents anhand gewisser Kriterien (Nutzer-Signale) zu bewerten. Der Content muss von Ihnen so geschrieben sein, dass er einen informativen Mehrwert für den Nutzer hat. Vermeiden Sie aussagearme Passagen oder Wiederholungen von bereits geschriebenen Informationen.

Länge des Textes

Grundsätzlich müssen Texte ein bestimmtes Thema mit Hintergrundwissen behandeln. Dazu müssen die Texte eine gewisse Länge haben, denn zwischen Textlänge und Ranking auf gut platzierte Positionen besteht eine positive Korrelation. Im Durchschnitt sollte eine Website ungefähr 1500-2000 Wörter enthalten. Es kommt jedoch auf die Branche sowie die konkrete Suchanfrage an, ob eine Website dynamisch ist.

Die Macht von Bildern

Wenn Sie Ihre Website mit Bildern bestücken, bewertet dies Google als ein positives Signal. Selbstverständlich sollten Ihre Bilder zum Thema passen und Ihren Webcontent ergänzen. Google muss zudem erkennen können, worum es sich bei den Bildern handelt, sprich, was auf einer Abbildung dargestellt wird. Optimieren Sie Ihre Bilder entsprechend, sodass eine schnelle Ladezeit der Website gegeben ist.

Das Einbetten von Videos

Da vor allem Konsumenten Videos zu schätzen wissen, weiß auch Google Videos mit hochwertigem Informationsgehalt zu schätzen. Sie sollten wissen, dass eingebettete Videos auf einer Website, die einen Kundennutzen bringen und hochwertig aufbereitete Informationen enthalten, positive Signale senden. Natürlich können Videos auch unabhängig von Ihrer Website via Universal Search in Suchmaschinen gefunden werden. Dazu müssen diese jedoch auf YouTube oder Vimeo gelistet sein.

Die Wichtigkeit von Keywords

Lernziel dieses Kapitels
• Welche Arten von Keywords gibt es?
• Was haben Keywords mit der Suchintention zu tun?
• Welche Bedeutung haben Keywords für Ihr SEO?
• Welche Keywords lohnen sich für eine Optimierung?

Das Keyword (Schlüsselwort) ist ein guter Indikator, um ein möglichst gutes Ranking sowie eine befriedigende Suchanfrage zu gewährleisten. Bei der Keyword-Analyse sollten Sie durch Keyword-Tools relevante Keywords ermitteln, die für eine Suchanfrage ein möglichst hohes Suchvolumen erzielen.

Sie sollten nicht den Fehler begehen, Ihren Hauptfokus auf Keywords zu legen. Die Wichtigkeit von Keywords ist seit dem Hummingbird-Update, welches im Jahr 2014 rauskam, vorüber. Inzwischen verwendet Google viel intelligentere Methoden, um die Relevanz einer Website für eine Suchanfrage festzustellen. Die Keyword-Analyse ist bestenfalls ein Bestandteil aller Ranking-Signale. Dank des RankBrain-Algorithmus ist die Suchmaschine seit 2016 vermehrt in der Lage, relevante Websites als solche zu erkennen, die nicht für die in der Suchanfrage eingesetzten Keywords optimiert wurde.

Keywords spielen nach wie vor eine Rolle. Das bewusste und sparsame Einsetzen von relevanten Keywords ist nach wie vor hilfreich, um das Ranking-Signal zu senden, sodass Google weiß, dass sich die Website um ein bestimmtes Thema dreht, die auf die Keywords zurückzuführen sind. Das reine Einsetzen von Keywords reicht jedoch mittlerweile nicht mehr aus und das sogenannte „Keyword Stuffing", also ein inflationär übertriebenes Einsetzen von Keywords, kann sich sogar negativ auf das Ranking auswirken. Passen Sie bei der Keyword-Dichte also auf, sie sollte sich bei 1000 Wörtern auf 10 bis 30 Keywords beschränken (1-3 Prozent).

Keywords im Title-Tag

Nutzen Sie gerne Ihr Keyword im Title-Tag. Auf diese Weise sondern Sie ein starkes Signal ab, dass die Website zum relevanten Keyword Informationen enthält.

Keywords als Element in der Meta-Description

Die Meta-Description ist in aller Regel 155-180 Zeichen lang und gibt eine grobe Zusammenfassung der Website wieder. Insofern macht es Sinn, das Haupt-Keyword in der Meta-Description zu implementieren. Wer als Suchender von der Meta-Description überzeugt ist, generiert eher einen

Klick, als wenn das Keyword für die relevanten Informationen einer Website fehlen.

Keywords in Überschriften

Wenn Sie Ihre H1-Überschrift mit dem Haupt-Keyword versehen, zeigen Sie Google, dass es sich um einen wichtigen Inhalt handelt. Somit senden Sie ein bedeutsames Signal, welches sich positiv auf Ihr Ranking auswirkt. Deshalb sprechen viele Gründe dafür, auf Ihrer Website Ihre Keywords in Überschriften einzubauen.

Keywords im ersten Absatz Ihres Fließtexts

Wenn Sie Ihre wichtigen Keywords weit oben im Fließtext platzieren, erkennt Google, dass es sich um ein wichtiges Dokument bzw. das Keyword handelt, welches zur Suchanfrage passt. Deshalb gilt die Empfehlung, im ersten Absatz Ihres Textes diese Keywords zu verwenden.

Die Keyword-Dichte

Die Dichte von Keywords gibt an, wie häufig ein Keyword in einer gewissen Textrelation vorkommen darf. Üblicherweise sollte sich die Keyword-Dichte eines Textes mit einer Länge von 1000

Wörtern auf eine Keyword-Dichte von 1 bis 3 Prozent (10 bis 30 Keywords) beschränken.

Das Textlayout

Ein ansprechend zu lesender Text, der sich durch die gesamte Website wie ein roter Faden zieht, sollte vor allem lesbar und gut strukturiert sein.

- H1-H5-Überschriften
- Wichtige Wörter fetten
- Keywords einbauen
- Tabellen, Bullet Points nutzen
- Keine langen Schachtelsätze schreiben
- Auf richtige Interpunktion und Grammatik achten
- Grafiken, Diagramme, Fotos und Videos einbauen
- Infokästen blau oder andersfarbig markieren und auch implementieren

Wenn Sie all diese Elemente bei der Gestaltung Ihrer Texte berücksichtigen, erfüllen Sie ein wichtiges Qualitätskriterium und erreichen somit ein Ranking-Signal.

Content ist King

Lernziel dieses Kapitels
• Die Erstellung von hochwertigem Content
• Gut lesbare Texte erstellen, die die maximalen Relevanz-Signale senden
• Bilder, Grafiken, Videos, Tabellen zur Content-Optimierung erstellen

B is etwa ins Jahr 2010 hat Google beinahe ausnahmslos Texte zur Relevanzberechnung als Basis genommen. Das Keyword musste innerhalb der HTML-Struktur einer Website gut implementiert sein:

- Im Seitentitel als H1-Überschrift,

- im ersten Absatz sollte es 2-mal vorkommen,

- in der gesamten Textstruktur sollte es in ausreichender Dichte vorkommen (mindestens 1 Prozent),

- hinzu kamen passende Backlinks mit dem Keyword als Ankertext.

Diese Vorgehensweise reichte aus, um die Seite gut zu ranken.

Aus diesem Grunde wurden viele Seiten genau in dem Schema optimiert, die jedoch nicht automatisch den besten und relevantesten Informationsgehalt für eine Suchintention enthielten. Google musste diesem Trend entgegenwirken, um seinen guten Ruf nicht zu verlieren.

Das Problem war, dass die Ranking-Algorithmen noch in den Kinderschuhen steckten und nicht akkurat den Zusammenhang zwischen Qualität und Relevanz einer Website bzw. deren Content erkennen konnten. Mittels des PageRank-Verfahrens gelang es Google, die Qualität und die Relevanz auf Umwegen zu prüfen. Der inflationäre Gebrauch von Backlinks manipulierte jedoch das PageRank-Verfahren.

Google selbst betont nach wie vor, dass die Qualität einer Website das wichtigste Merkmal für Ranking-Signale ist. Wenn Sie eine Website betreiben, stellen Sie sich folgende Fragen:

• Würden Sie den Infos auf einer Website vertrauen?

• Bieten die Inhalte Ihrer Website einen Mehrwert für den Leser oder wollen Sie nur in Suchmaschinen gut ranken?

• Wird das Thema, um welches sich die Website dreht, ausführlich behandelt?

• Liefert Ihre Website im Gegensatz zu anderen Sites einen Mehrwert?

• Würden Sie Ihre Website weiterempfehlen?

Wenn Sie alle Fragen bejahen können, ist Ihre Website von der Qualität her eine gute Website.

WIE MISST GOOGLE, OB IHRE WEBSITE EINEN MEHRWERT BIETET?

Neben vielen Algorithmen untersucht Google auch, wie sehr Nutzer mit Ihrer Seite interagieren. Rufen Kunden über Ihren Button an? Nutzen Kunden das Kontaktformular? Wie lange bleiben Nutzer im Durchschnitt auf Ihrer Seite?

Dafür bedient sich Google diverser KI-Systeme wie RankBrain. Ein KI-System bedeutet, dass sich Google künstlicher Intelligenz bedient.

WELCHER CONTENT IST FÜR WELCHE SUCHINTENTION BEI GOOGLE GEFRAGT?

Der Glaube, hochqualitativen Content zu erstellen, um gut zu ranken, manifestiert sich jedoch als Fehlannahme. Guter Content muss zur Zielgruppe passen und deren Fragen rund um ein Problem, ein Produkt oder eine Dienstleistung beantworten. Dieser Content geht bestenfalls auf W-Fragen ein und beantwortet diese Fragen zielgruppenorientiert. Relevanter Content, der rankt, ist somit der, der die Suchintention eines Nutzers am besten beantwortet:

- ausführliche und informative Produktbeschreibungen
- redaktionelle und aktuelle Beiträge
- Blogbeiträge zu bestimmten Themen
- DIY-Anleitungen, wie etwas gemacht wird
- Whitepapers
- Ratgeber
- Enzyklopädien / Glossare
- Info-Grafiken, die etwas veranschaulichen
- Videos mit hochwertigem Content

DIE TEXTOPTIMIERUNG

Dazu muss gesagt werden, dass trotz der Bilderkennung und der Videos, die Sie einbetten, um Ihren Content zu valorisieren, die Google-Suchmaschine textbasiert ist und bleibt. Das bedeutet, dass die relevanten Algorithmen, die sich auf hochwertige Texte beziehen, relativ einfach konstruiert sind und weniger rechenintensiv arbeiten, als es die Analyse anderer Medien tut. Zudem sei gesagt, dass sich Texte auch mit weniger Aufwand bearbeiten, kürzen, ergänzen und aktuell halten lassen. Sie können Texte auch in andere Sprachen übersetzen. Ob per Übersetzer oder mit einer KI, bleibt Ihnen überlassen, wobei eine KI niemals den Menschen ersetzen kann und die Qualität dadurch Einbußen erleidet. Im folgenden Teil wird beleuchtet, auf welche Kriterien Sie bei der Texterstellung achten müssen, um die maximalen Ranking-Signale zu senden.

So gestalten Sie Ihre Website

Lernziel dieses Kapitels
• Die optimale Struktur einer Website
• Die Optimierung Ihres HTML-Codes
• Die Optimierung für mobile Endgeräte
• Möglichkeiten zur Optimierung der Website für mobile Endgeräte

Im vorherigen Kapitel haben Sie gelernt, wie Sie optimalen Text- und Bildcontent für Ihre Website erstellen. Nun geht es daran, aus

Ihrem geschriebenen Content eine Website zu bauen, die optimale Webpage-Signale an Google aussendet. So folgen nun die Kapitel:

- Struktur und Layout Ihrer Website,
- HTML-Code und dessen Struktur,
- Keyword-Verteilung / HTML-Code,
- Meta-Tags,
- Einbau von Content wie Text, Bilder, Videos, PDF-Dateien,
- CSS- und Java-Script.

STRUKTUR UND LAYOUT IHRER WEBSITE

Viele Websites sind mit so viel Content bestückt, dass Sie, wie Sie aus eigener Erfahrung wissen, erst einmal lange scrollen müssen, um die komplette Website gelesen zu haben. Der sichtbare Bereich einer Website, den Sie sofort sehen können, wird als „above the fold" tituliert. Es kommt auf Ihr benutztes Endgerät an, wie groß dieser Bereich ist. Ein weiteres Kriterium ist die jeweilige Größe des Bildschirms und dessen Auflösung.

Achten Sie beim Optimieren Ihrer Website vermehrt darauf, für den Besucher wichtige Elemente und Infos möglichst in diesem „above the fold"-Bereich zur Verfügung zu stellen. Vermeiden Sie zu viele Werbebanner im „above the fold", denn das sieht Google ungern.

HTML-CODE UND DESSEN STRUKTUR

Suchmaschinen und deren Robots verhalten sich ähnlich wie Webbrowser, denn sie analysieren den HTML-Quellcode der jeweiligen Website, indem sie wichtige Informationen daraus entnehmen. Beispielsweise wird von der Suchmaschine überprüft, wie oft und an welchen Stellen des HTML-Dokuments die Keywords vorkommen. Internet Explorer oder Firefox sind in der Lage, trotz eines fehlenden Schließtags die Website noch korrekt aufzufinden. Robots hingegen kapitulieren an dieser Stelle und brechen die Analyse häufig ab. Achten Sie darauf, dass Ihre Websites einen gültigen HTML-Code besitzen.

KEYWORD-VERTEILUNG / HTML-CODE

Bestimmt sind Sie im Zuge Ihrer Texterstellung schon mit H-Überschriften in Berührung gekommen. Für eine Website ist es relevant, die Textstruktur in H1 bis H6 zu unterteilen und – je nach Wichtigkeit der Informationen – die Absätze in Unterüberschriften zu unterteilen. Dabei sollten Sie darauf achten, dass die Überschriften in einer logischen Abfolge gesetzt werden.

In einem Textdokument bzw. pro Landing-Page einer Website sollte nur eine einzige „H1-Überschrift" gesetzt werden.

Wie sieht es jedoch mit den Keywords in H-Überschriften aus? Im Grunde genommen ist es ratsam, das Haupt-Keyword in der H1-Überschrift ganz am Anfang zu platzieren und dieses im Teaser bzw. Paragraphentext, also in der Einleitung, einige Male zu wiederholen. Je weiter oben im HTML-Quellcode Sie ein Keyword platzieren, desto besser wird es gewichtet. Verzichten Sie deshalb im Head-Bereich Ihrer Seiten auf CSS-Definitionen oder JavaScript. Diese sollten Sie in eigene Dateien auslagern.

META-TAGS

Damit Sie sicherstellen können, dass sämtliche Seiten Ihrer Website von Google gefunden werden können, ist es nötig, dass Sie ein Metatag einfügen:

> **<meta name="robots" content="noindex, nofollow">**

Der Wert „noindex" gibt den Robots zu verstehen, dass eine bestimmte Seite nicht indexiert, also gelistet werden darf. Sie müssen wissen, dass sich alle gängigen Suchmaschinen an diesen Befehl halten. Wenn Sie wollen, dass diese Seite gelistet wird, müssen Sie additional den Wert „nofollow" einfügen.

EINBAU VON CONTENT WIE BILDER UND DEREN GRÖßE

Optimieren Sie die Ladezeit von Bildern. Da eine sehr schnelle Ladezeit als Ranking-Signal enorm wichtig ist, da Suchende nicht ewig warten möchten, ist es sinnvoll, die Ladezeiten zu verkürzen.

Speziell Bilder können die Ladezeiten enorm verlängern, wenn sie nicht im richtigen Format gespeichert sind.

1) Reduzieren Sie Webbilder auf die niedrigste sinngebende Auflösung, ohne dass sie verpixelt erscheinen. Fragen Sie notfalls Ihren Webdesigner.

2) Verwenden Sie ein für das Bild passendes Dateiformat (JPEG oder ein anderes Format)

3) Beschriften Sie das Bild, damit Google erkennt, was darauf zu sehen ist (alt-Attribute und passende Keywords zum Bild).

CSS UND JAVASCRIPT

Google wertet CSS und JavaScript nur marginal aus. Deshalb sollte sich Ihre Optimierung im Wesentlichen auf die Optimierung der Ladezeiten Ihrer Sites beschränken. Einige Tipps, wie Sie dies bewerkstelligen können, finden Sie hier:

• Verwenden Sie nur eine CSS-Datei, da jede einzelne CSS-Datei separat vom Server angefordert werden muss und somit die Ladezeiten erhöht.

• Die Komprimierung mit GZIP. von CSS sowie JavaScript macht Sinn. Es ist zudem mittlerweile zum Standard geworden.

• Verkürzen Sie Ihre Ladezeiten mit dem Einsatz von CSS Sprites, wenn Sie viele Bilder, Buttons oder Icons verwenden.

OPTIMIERUNG FÜR MOBILE ENDGERÄTE

Suchmaschinen wie Google prüfen jede einzelne Website im Netz darauf, ob und wie gut sie für mobile Endgeräte optimiert ist. Dabei kommen verschiedene Kriterien zum Tragen:

1) Ist die Website so konzipiert, dass die Besucher nicht horizontal scrollen müssen?

2) Passt sich die Darstellungsgröße der jeweiligen Website an den Bildschirm an?

3) Lässt sich der Text ohne Zoomen lesen?

4) Ist der Abstand zwischen Hyperlinks groß genug, sodass der Besucher auf die einzelnen Links klicken kann?

5) Adobe Flash sollte vermieden werden.

6) Kurze Ladezeiten sind das Gebot der Stunde. Da mobiles Surfen teuer ist, möchte der Konsument keine Website aufrufen, die ewig laden muss.

ÜBUNGSTEIL: TESTEN SIE IHRE ERLERNTEN KENNTNISSE!

1) Welcher Bereich einer Website ist für die Rankings bei Google besonders wichtig?

2) Warum ist ein gültiger HTML-Code wichtig?

3) Wie können Sie verhindern, dass eine einzelne Website oder Onpage von Suchmaschinen gelistet wird?

Was ist
Social SEO?

Lernziel dieses Kapitels

• Welche Bedeutung haben soziale Signale im Google Ranking?

• Welche sozialen Signale wertet Google aus?

• Wie können Sie soziale Signale proaktiv optimieren?

Sie kennen die großen sozialen Medien wie Facebook, LinkedIn, Instagram und Google+. Nun stellt sich die berechtigte

Frage, ob Suchmaschinen wie Google die Aktivitäten auf Ihren sozialen Netzwerken auswertet und etwaige Ranking-Signale generiert.

Tatsächlich hat sich Google entsprechend entwickelt. Zwei wichtige Studien zur Thematik[3] haben als Resultat herausgefunden, dass eine starke Interaktion zwischen sozialen Signalen wie Shares auf Facebook und Google +1s besteht. Von Seiten der Suchmaschine gibt es jedoch nur wenige Aussagen, inwiefern Social Signals als Ranking-Signale genutzt werden.

Zu erwähnen ist jedoch, dass soziale Signale einen indirekten Effekt auf die Vertrauenswürdigkeit, die gute Reputation und den Bekanntheitsgrad eines Unternehmens oder eines Brandnamens haben. Diese Faktoren sind wichtige Ranking-Kriterien für Google. Aus diesem Grunde kann man durchaus sagen, dass Google soziale Netzwerke als Basis für Social Signals zu Rate zieht, die das Ranking beeinflussen.

---

[3] Korrelationsstudie von MOZ 2012
Searchmetrics von 2013

WELCHE SOZIALEN SIGNALE WERTET GOOGLE LETZTENDLICH DEFINITION VON SOCIAL SIGNALS:

> Social Signals sind ein Zusammenspiel aller Aktivitäten und Informationen von Nutzern, die sich im Web bewegen und einen Rückschluss über den Mehrwert für Nutzer bezüglich einer Website oder den Bekanntheitsgrad einer Brand möglich machen.aus?

Soziale Netzwerke und Bewertungsportale sind für Google von enormer Relevanz. Im folgenden Teil sehen wir uns die einzelnen Social Signals näher an.

• gibt es eine vorhandene Präsenz in sozialen Medien?

• wie sehen die Aktivitäten auf den vorherrschenden sozialen Plattformen aus?

Facebook:
Wie viele Shares, Likes und Kommentare existieren zu platzierten Postings?

Twitter:

Gibt es Retweets und Tags von Tweets als Favoriten?

Google+:

Existieren Shares und Likes mittels +1-Kommentaren?

Bewertungsplattformen:

Wie viele positive und negative Bewertungen sind vorhanden und wie sieht der Durchschnittswert der Summe aller Bewertungen aus?

• Mentions: Dieser Wert gibt die Summe und Frequenz von Erwähnungen der Brand innerhalb öffentlich sichtbarer Beiträge auf sozialen Kanälen an.

SOCIAL SIGNALS UND SEO-OPTIMIERUNG

Social Signals können Sie für Ihr eigenes SEO verwenden. In unserer Schritt-für-Schritt-Anleitung erklären wir Ihnen, wie Sie dabei vorgehen können:

1) <u>Entwicklung einer Social-Media-Planung</u>
Überprüfen Sie, welche sozialen Kanäle für Ihr Unternehmen für Reichweite sorgen könnten. Dazu gehört auch die Überlegung, ob Sie einen eigenen Mitarbeiter mit der Pflege Ihrer Social-Media-Plattformen betrauen oder sich eigenständig um die Pflege kümmern. Gute Plattformen, die Sie in Erwägung ziehen sollten, sind:

- Google+
- Twitter
- Instagram
- Facebook
- YouTube
- Vimeo
- LinkedIn
- Pinterest

Überprüfen Sie, auf welchen dieser Kanäle sich Ihre Zielgruppe befindet.

2) <u>Erstellung Ihrer Social-Media-Accounts</u>
Wenn feststeht, für welche sozialen Medien Sie sich anhand einer fundierten Zielgruppenanalyse entschieden haben, geht es im nächsten Schritt an

die Erstellung Ihrer Accounts in den sozialen Netzwerken. Wenn Sie sich unsicher sind, können Sie sich an eine professionelle Werbeagentur Ihres Vertrauens wenden und ihr auch die Pflege Ihrer Social-Media-Plattformen übertragen.

3) <u>Sichtbarkeit erhöhen</u>

Auf Ihrer Website haben Sie die Möglichkeit, Ihre sozialen Kanäle via Button zu verlinken. Somit hat Google die Erkenntnis, dass Sie beispielsweise auf Facebook eine Unternehmensseite managen, und kann daraus Ihre Interaktionen ableiten, die für ein gutes Ranking sorgen.

REICHWEITE AUF SOZIALEN KANÄLEN

> Das Gebot der Stunde lautet, regelmäßigen Content auf Ihren sozialen Kanälen zu veröffentlichen und stetig mit Ihren Nutzern zu interagieren.
>
> Sie sind gut damit beraten, eine Strategie zu entwickeln, die Ihre Reichweite innerhalb eines Mediums steigert. Setzen Sie diese Strategie konsequent um.

Beispielsweise betreiben Sie auf Ihrer Website einen Blog oder veröffentlichen regelmäßige News in Form von redaktionellen Beiträgen zu Ihrer Branche oder dem aktuellen Tagesgeschehen. Implementieren Sie diese Beiträge auf Ihren sozialen Kanälen. Ein gutes Tool, welches sich dafür eignet und die Einpflege erleichtert, nennt sich „AddThis".

DIE BEWERTUNGSSYSTEME

Rezensionen, die immer Produktbewertungen zur Zielsetzung haben, und die damit verbundenen Erfahrungsberichte sowie Sternebewertungen stellen wichtige Social Signals für Google dar. Sie sollten die Bedeutung dieser Social Signals für Ihr Ranking niemals unterschätzen.

In Google Suggest erscheint der Begriff „Erfahrungen" bei der Produktsuche regelmäßig. Das zeigt, wie die Algorithmen von Google funktionieren. Google ist sich bewusst, dass Nutzer vermehrt nach Produktbewertungen suchen, um sich über einen Artikel zu informieren. Nicht selten beeinflussen positive Produktrezensionen die Kaufentscheidung. Somit kann man als Fazit sagen, dass

gut bewertete Produkte und Dienstleistungen besser ranken als Produkte mit wenigen Rezensionen
oder negativen Bewertungen.

Shop SEO und warum Sie das benötigen

Lernziel dieses Kapitels
• Wichtige Ranking-Signale für Online-Shops

Wenn Sie einen Online-Shop betreiben, ist Ihr Ziel natürlich ein möglichst guter Umsatz. Um diesen Umsatz zu erreichen, müssen Sie eine gute Reichweite und ein gutes Ranking haben, damit Ihre Kunden von

Ihren Produkten erfahren. Richtig? Deshalb gelten für Online-Shops dieselben SEO-Richtlinien und SEO-Empfehlungen wie für alle normalen Websites auch.

TECHNISCHE OPTIMIERUNGEN IHRES ONLINE-SHOPS

Da sich die angebotenen Dienstleistungen oder Produkte nur unmerklich von Ihrer Konkurrenz unterscheiden, ist eine technische Optimierung Ihres Online-Shops umso notwendiger.

Ladezeiten

Sie sollten kurzen Ladezeiten eine große Gewichtung beimessen. Eine Seite mit Produkten, die sich schnell lädt, ist interessanter als eine Seite, die ewig braucht, um zu laden. Setzen Sie daher auch auf die Server-Infrastruktur. Ladezeiten, die kurz sind, sind ein wichtiges Ranking-Signal für Google.

Optimierung für Mobilgeräte

Die wenigsten Käufer sitzen am Rechner, wenn sie ein Shoppingerlebnis suchen. Geshoppt wird von überall aus und am Handy. Aus diesem Grunde ist es notwendig, dass Nutzer Ihre Produkte auch über ihr Handy gut finden und ansehen können. Eine Optimierung für mobile Endgeräte ist deshalb das A und O.

SOCIAL SIGNALS, DIE IHREM ON-LINE-SHOP ZUGUTEKOMMEN

Wie Social Signals arbeiten, haben Sie bereits im vorherigen Kapitel gelernt. Neben Produktbewertungen, Käuferrezensionen und Erfahrungsberichten sind auch Bewertungen des Online-Shops und ein entsprechendes Siegel, wie „Trusted Shops", für Ihren Umsatz und Ihr Ranking nötig.

WAS IST GOOGLE SHOPPING?

Google Shopping ist ein Portal für Preisvergleiche von Google, auf welchem Anbieter bis 2013 auf kostenlosem Wege ihre Produkte einstellen konnten. Heute ist Google Shopping mit Kosten verbunden und Teil der Marke Google AdWords. Wenn Sie nach einem Produkt suchen, erstellt

Google Ihnen eine Liste an Produkten aus Google Shopping, die sogenannten Product Listing Ads. Diese werden Ihnen auf der Suchergebnisseite angezeigt.

Wenn Sie einen Online-Shop besitzen, kann es durchaus sinnvoll sein, wenn Sie sich an Google Shopping beteiligen. Durch die Product Listing Ads auf der Suchergebnisseite der ganz gewöhnlichen Websuche und natürlich auch durch die eigene Google-Shopping-Suchergebnisseite steigern Sie den Bekanntheitsgrad Ihres Online-Shops schnell und unkompliziert. Auf diese Weise sorgen Sie auch relativ schnell für Social Signals, was wiederum ein hervorragendes Ranking-Signal für Sie bedeutet.

Damit Sie an Google Shopping teilnehmen können, müssen Sie sich ein „AdWords-Konto" sowie ein Konto im „Google Merchant Center" erstellen. Zur Einpflege Ihrer Produkte bietet Ihnen Google verschiedene Möglichkeiten. Um Ihre Produkte in Google Shopping zu listen, müssen Sie für Ihre Produkte auch eine PLA-Kampagne in Google AdWords einrichten.

Wichtige Optimierungsempfehlungen für Google Shopping

- Aussagekräftige und überzeugende Produkttitel
- Treffende Produktbeschreibungen
- Emotionalisierende Bilder
- ausreichendes Klick-Gebot, damit die PLAs auch geschaltet werden können
- Preise und Verfügbarkeit, Vorrat
- EAN und ISBN

Local SEO – Optimierung auf eine spezifische Stadt

Lernziel dieses Kapitels
• SEO-Maßnahmen für ein lokal ansässiges Geschäft oder Unternehmen

Wenn Sie Ihr Geschäft für eine bestimmte Stadt optimieren möchten, kommt für Sie der Begriff „Local SEO" zum Tragen. Wer jedoch möchte vorwiegend lokal verkaufen? Sehen wir uns ein paar Beispiele an:

- Kinos
- Zahnärzte
- Apotheker
- Fitnessstudios
- Hotels
- Wellness-Einrichtungen
- Freizeitparks
- Einzelhandelsgeschäfte

Natürlich sind auch für lokal ansässige Unternehmen alle SEO-Prozesse, die wir bereits beschrieben haben, von Relevanz. Zusätzlich gesellen sich einige Maßnahmen hinzu, die Sie als lokaler Unternehmer durchführen sollten.

REGIONAL RELEVANTE SUCHANFRAGEN

Wenn Sie eine Suche mit lokalem Bezug starten, liefert Ihnen Google alle relevanten Suchergebnisse, die sich in der Nähe des gesuchten Orts oder in Ihrer Nähe befinden.

Man müsste davon ausgehen, dass Google hinter jeder Suchanfrage einen lokalen Bezug interpretiert. Wenn Sie als Suchender einen Ort in der Suche implementieren, senden Sie an Google eine klare Botschaft. Wenn Sie in Suchanfragen keinen Ort eingeben, erhalten Sie trotzdem lokale Vorschläge. Dies ist aufgrund des Geotargetings der Fall. Dieses ermittelt automatisch Ihren Standort.

Google geht vermehrt dazu über, standortbasierte Suchen zu liefern. Wenn Sie also von Hannover aus eine Suchanfrage über „google.de" starten, sehen Sie andere Matches, als wenn Sie vom Schwarzwald aus googeln würden.

Beispiel:
Sie befinden sich auf der Durchreise von Anthering in Salzburg und möchten nach Fürth fahren. In Anthering googeln Sie nach „Griechisches Restaurant" und erhalten einen Treffer, der auf Anthering passt, obwohl Sie eigentlich für Fürth suchen wollten. Google erkennt Ihren geographischen Standort und passt seine Treffer Ihrer Position an. Obwohl Ihre Suchanfrage an sich keinen Ortsnamen enthält, stellt Google den lokalen Bezug Ihres Aufenthalts her und errechnet den

Standort des Client-Rechners, von welchem die Suchanfrage stammte.

DIE WICHTIGSTEN LOKALEN RANKING-FAKTOREN

Es gibt prinzipiell zwei Faktoren als Ranking-Signale, die für Google relevant sind. Laut SEO-Agenturen und SEO-Experten sind diese zwei Faktoren die folgenden:

- Adresse
- Google My Business

Sehen wir uns diese zwei Ranking-Faktoren jedoch genauer an.

Die Adresse als Ranking-Signal

Wenn Sie beispielsweise die gute alte Pizzeria betreiben, müssen Sie natürlich, um bei Google gefunden zu werden, über eine Adresse in der Stadt, in der sich die Pizzeria befindet, verfügen. Dabei ist es wichtig, dass Ihre Adressdaten vollständig auf jeder Seite Ihrer Website im Footer enthalten sind.

Google My Business als Ranking-Signal

Für Sie als Unternehmer oder Anbieter von Dienstleistungen ist es fundamental, dass Sie im Branchenverzeichnis von Google My Business platziert sind. Somit erkennt Google, dass Sie in einer bestimmten Stadt etwas verkaufen und bei Google gelistet werden möchten.

Sie erreichen den Link zu Google My Business wie folgt: https://www.google.de/intl/de/business/

Zum überwiegenden Teil bezieht Google Informationen für die Anzeige auf der eigenen Suchergebnisseite für diverse Suchanfragen mit lokalem Bezug aus den Einträgen in Google My Business. Selbst die lokalen Ranking-Signale stammen zum Großteil aus Einträgen von Google My Business.

SO ERSTELLEN SIE EIN GOOGLE MY BUSINESS-KONTO

1) Rufen Sie die Startseite von Google My Business auf (vgl. vorheriger Abschnitt).

2) Erstellen Sie sich ein Google-Konto oder loggen Sie sich über Ihr Google-Konto ein.

3) Stimmen Sie den Datenschutzrichtlinien zu und akzeptieren Sie die Cookies.

4) Fügen Sie Ihren Unternehmensstandort hinzu (klicken Sie auf das „Plus-Zeichen" bei der Standortliste).

5) Als Nächstes füllen Sie das Formular, welches Sie vorgelegt bekommen, richtig und vollständig aus.

6) Konkretisieren Sie den Wirkungskreis, in welchem Sie Ihre Dienstleistungen anbieten oder Ihre Produkte verkaufen möchten.

7) In diesem Schritt werden Sie darüber in Kenntnis gesetzt, dass für Sie eine Google+-Seite erstellt wird.

8) Ihr Eintrag wird nun bei Google gelistet, wenn Sie Ihre Unternehmensauthentifizierung bestätigen. Sie bestätigen, dass alle Angaben korrekt sind, die Ihr Unternehmen auszeichnet. Ferner bestätigen Sie, dass nur Sie oder ein von Ihnen genannter Administrator Zugriffsrechte auf Ihr Google+-Konto hat. Auf postalischem Wege wird Ihnen der Bestätigungscode zugesandt.

9) Ihr Eintrag wird erstellt. Sie können ihn nun weiter ausfüllen und ergänzen.

Beachtenswertes bei der Pflege Ihres Google My Business-Kontos

Füllen Sie alle Felder des Formulars vollständig und wahrheitsgetreu aus. Sie senden wichtige Signale wie Seriosität, Zuverlässigkeit, Professionalität und Glaubwürdigkeit.

Die „Informationen für fortgeschrittene Nutzer" können Sie ignorieren.

Laden Sie aussagekräftige Fotos und ein Profilbild in Ihren Account. Fotos sind super Ranking-Signale. Google bevorzugt Einträge mit Fotos.

Vergessen Sie nicht, Ihren Google My Business-Account regelmäßig mit hochwertigem Content zu bestücken. Sie können über Produktneuheiten informieren oder regelmäßig Beiträge zu Neuheiten erstellen.

Immer auf dem neuesten Stand bleiben

Lernziel dieses Kapitels

• Wie Sie Ihr Wissen über SEO stetig auf dem neuesten Stand halten können

NUTZEN SIE GOOGLE ZUR IN-FORMATIONSBESCHAFFUNG

Für Unternehmer und Webseitenbetreiber wie Sie stellt Google laufend hochkarätige Neuerungen und Informationen über diverse Kanäle zur Verfügung. Zudem hält Google den Kontakt zu Webmastern und SEO-Experten auf der ganzen Welt aufrecht.

Einige der Ressourcen, die Sie zur Informationsbeschaffung auch nutzen können, sind:

• Webmaster Central Blog: https://webmasters.googleblog.com/

• Google Search Blog: https://blog.google/products/search

• Webmaster Central Blog: https://webmaster-de.googleblog.com/

• Google Webmasters Videos (verschiedene Sprachen): https://www.youtube.com/user/GoogleWebmasterHelp/videos

• Fragen und Antworten über Google Hangouts: https://www.google.com/webmasters/connect/

NUTZEN SIE EXPERTEN-BLOGS IN DEUTSCHER SPRACHE

Zum Thema SEO finden Sie Unmengen an Blogbeiträgen im Netz. Wie Sie eine optimale Suchanfrage in Google starten, haben Sie bereits in den vorangehenden Kapiteln gelernt. Sie können die folgenden Blogs einfach googeln:

- Online-Marketing-Blog von Karl Kratz
- SEO-Blog von seo-united.de
- SEOKRATIE-Blog
- Sistrix-Blog
- suchradar – kostenloses Magazin für SEO, SEA und E-Commerce
- WEBSITE BOOSTING

FAQ zu SEO für Einsteiger

Um Ihnen die wichtigsten Fragen noch einmal kompakt zu beantworten, haben wir häufig gestellten Fragen für Sie zusammengefasst und ausführlich beantwortet.

• Warum ist es für ein gutes Ranking einer Website so wichtig, in Suchmaschinen gut gefunden zu werden?

Die Antwort ergibt sich aus dem hohen Nutzeraufkommen, welches Suchmaschinen wie Google nutzt, um sich über Produkte oder Dienstleistungen im Netz zu informieren. Ferner spielen Suchmaschinen in jeder Phase eines Kaufprozesses eine tragende Rolle.

• In welchen Ländern des Globus ist Google nicht auf Platz 1 als Marktführer?

In China, Südkorea und Russland spielt Google eine untergeordnete Rolle. Jedes dieser Länder hat eigene Suchmaschinen:

China: Baidu

Russland: Xandex

Südkorea: Naver

• Warum ist Google so erfolgreich am europäischen Markt sowie in anderen Ländern der Welt?

Durch die Einführung des PageRank-Algorithmus gelang es Google, wesentlich bessere Suchresultate zu liefern, als es Ende der 90-er Jahre anderen Suchmaschinen möglich war.

• Aus welcher Suchmaschine bezieht Yahoo heute ihre Suchergebnisse?

Alle Suchresultate, die von Yahoo geliefert werden, stammen aus der Suchmaschine Bing von Microsoft.

• **Welche vier Suchmaschinen speichern keine Informationen der Nutzer?**
Diese vier Suchmaschinen heißen DuckDuckGo, Startpage, Qwant und Ixquick.

• **Wie kann man abschätzen, wie groß das World Wide Web ungefähr ist?**
Man müsste die Zahl aller im Web indexierten Seiten ermitteln, die marktführende Suchmaschinen anhand der Indexierung finden können.

• **Welche Systemkomponenten sind Bestandteile von indexbasierten Suchmaschinen?**
• Webcrawler
• Index
• Scheduler
• Suchinterface

• **Was versteht man unter dem Begriff „Deep Web"?**

Im Deep Web befinden sich alle Websites, die durch Suchmaschinen nicht gefunden werden und somit nicht indexiert sind. Entweder sind die Seiten nur für registrierte Benutzer sichtbar oder sie lassen sich nur durch Ausfüllen eines Webformulars aufrufen.

• Was kann man sich unter einem invertierten Index vorstellen?

Darunter versteht man einen Index, in welchem Keywords den URLs von einer Website zugeordnet werden. Auf diese Weise ist es möglich, schnell URLs zu finden, die für bestimmte Suchintentionen relevant sind.

• Was versteht man unter „vertical search"?

Damit ist die Suche nach speziellen Dateiformaten gemeint. Zum Beispiel fallen die Google-Bildersuche, die Google-Videosuche, Google Books, Google Scholar und Google Maps unter den Begriff „vertical search".

• Wie funktioniert Google Universal Search genau?

Wenn Sie eine standardisierte Suchanfrage bei Google eingeben, werden auch Spezialsuchmaschinen einbezogen. Somit erhalten Sie auch Ergebnisse, die aus der „vertical search" stammen, was durchaus einen Mehrwert bietet.

• Was kann man sich unter Sitelinks vorstellen?

Das sind zusätzlich angezeigte Links, die im Zuge einer Suchanfrage erscheinen und auf Unterseiten der gerankten Website verweisen.

• Rich Snippets – was ist das?

Rich Snippets umschreiben alle Suchergebnisse, die über die konventionellen Suchergebnisse wie Titel, URL und Beschreibung hinausgehen und zusätzliche Informationen zur Verfügung stellen. Dabei denken wir an Autoreninformationen, Erfahrungsberichte, Bewertungen und andere Elemente. Durch die semantische Auszeichnung der eigenen Website können Sie die Wahrscheinlichkeit boosten, dass Google Rich Snippets generiert.

• Warum ist es für Google und die Suchergebnisse suboptimal, wenn eine Suchmaschine

nur den Quellcode einer Website untersucht, um die Keyword-Relevanz zu ermitteln?

Es kam in der Vergangenheit und in der Gegenwart schon häufig vor, dass Website-Betreiber den HTML-Code manipuliert haben, um in Google und Co. gut gefunden zu werden. Dieser Umstand verschlechterte die Qualität der Suchergebnisse massiv.

Nachwort

Herzlichen Glückwunsch! Durch Ihr Engagement und Ihren Feuereifer ist aus Ihnen ein echter SEO-Profi geworden. Sie haben sich auf eine Zeitreise in die Anfangsstadien des Internets und der Suchmaschinen begeben, haben viel Wissenswertes über SEO-Prozesse gelernt und wissen nun, wie Sie SEO proaktiv in Ihrem Unternehmen, auf Ihrer Website, in Ihrem Web-Shop oder in Google My Business umsetzen können. Für eine TOP-Übersicht können Sie die einzelnen Kapitel, die Sie interessieren, anhand unseres praktischen Inhaltsverzeichnisses immer nachschlagen oder sich einzelne Fragen aus den Kapiteln in einer Art Karteikartenanlage herausschreiben und immer wieder nachschauen. Wir gratulieren Ihnen für so viel Ehrgeiz und Wissensdurst und freuen uns, wenn Ihnen unser Buch über SEO gefallen hat.

Herstellung und Verlag:

BoD – Books on Demand, Norderstedt

ISBN: 9783756818914

© Hennes Laub 2022

1. Auflage

Kontakt: Psiana eCom UG/ Berumer Str. 44/ 26844 Jemgum

Covergestaltung: Fenna Larsson

Coverfoto: depositphotos.com

FSC
www.fsc.org

MIX

Papier aus ver-
antwortungsvollen
Quellen
Paper from
responsible sources

FSC® C105338